Tadpole Books are published by Jump!, 5357 Penn Avenue South, Minneapolis, MN 55419, www.jumplibrary.com

Copyright ©2020 Jump!. International copyright reserved in all countries. No part of this book may be reproduced in any form without written permission from the publisher.

**Editor:** Jenna Trnka  **Designer:** Anna Peterson  **Translator:** Annette Granat

**Photo Credits:** Tsekhmister/Shutterstock, cover; Voren1/iStock, 1; Landshark1/Shutterstock, 2br, 3; Eric Isselee/Shutterstock, 2tl, 2tr, 2bl, 4–5; frans lemmens/Alamy, 6–7; Leena Robinson/Shutterstock, 8–9; paigemcfadden/iStock, 2mr, 10–11; Oleksandr Lytvynenko/Shutterstock, 2ml, 12–13; Simeon 69/Shutterstock, 14–15; Geza Farkas/Shutterstock, 16.

Library of Congress Cataloging-in-Publication Data
Names: Nilsen, Genevieve, author.
Title: Los conejos / por Genevieve Nilsen.
Other titles: Rabbits. Spanish
Description: Tadpole books edition. | Minneapolis, MN: Jump!, Inc., (2020) | Series: Animales en tu jardín | Includes index. | Audience: Ages 3–6
Identifiers: LCCN 2019041665 (print) | LCCN 2019041666 (ebook) | ISBN 9781645272700 (hardcover) | ISBN 9781645272717 (paperback) ISBN 9781645272724 (ebook)
Subjects: LCSH: Rabbits—Juvenile literature.
Classification: LCC QL737.L32 N5518 2020 (print) | LCC QL737.L32 (ebook) | DDC 616.02/73—dc23

ANIMALES EN TU JARDÍN

# LOS CONEJOS

**por Genevieve Nilsen**

## TABLA DE CONTENIDO

**Palabras a saber**......................2

**Los conejos**.............................3

**¡Repasemos!**..........................16

**Índice**.....................................16

tadpole
en español

# PALABRAS A SABER

bigotes

colas

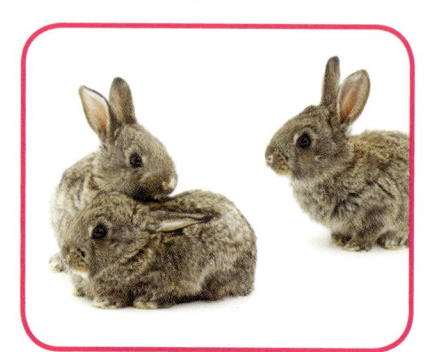

gazapos

nido

orejas

suaves

# LOS CONEJOS

Los conejos son suaves.

cola

**Sus colas son cortas.**

orejas

bigotes

**Tienen bigotes y orejas largos.**

¡Los conejos corren rápido!

Sus largas patas ayudan.

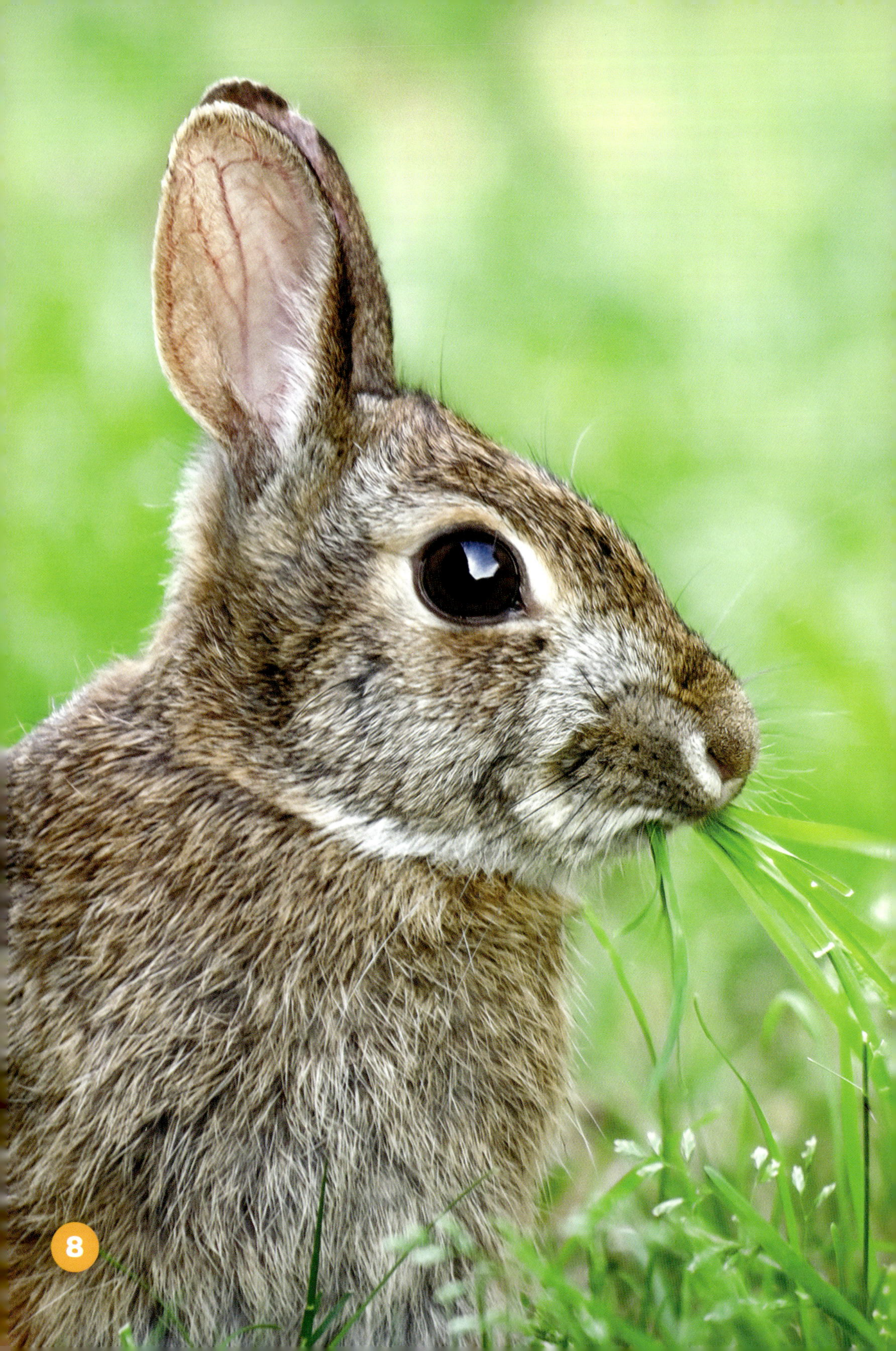

**Comen hierba.**

nido

¡Veo un nido!

¡Los conejos bebés están en él!

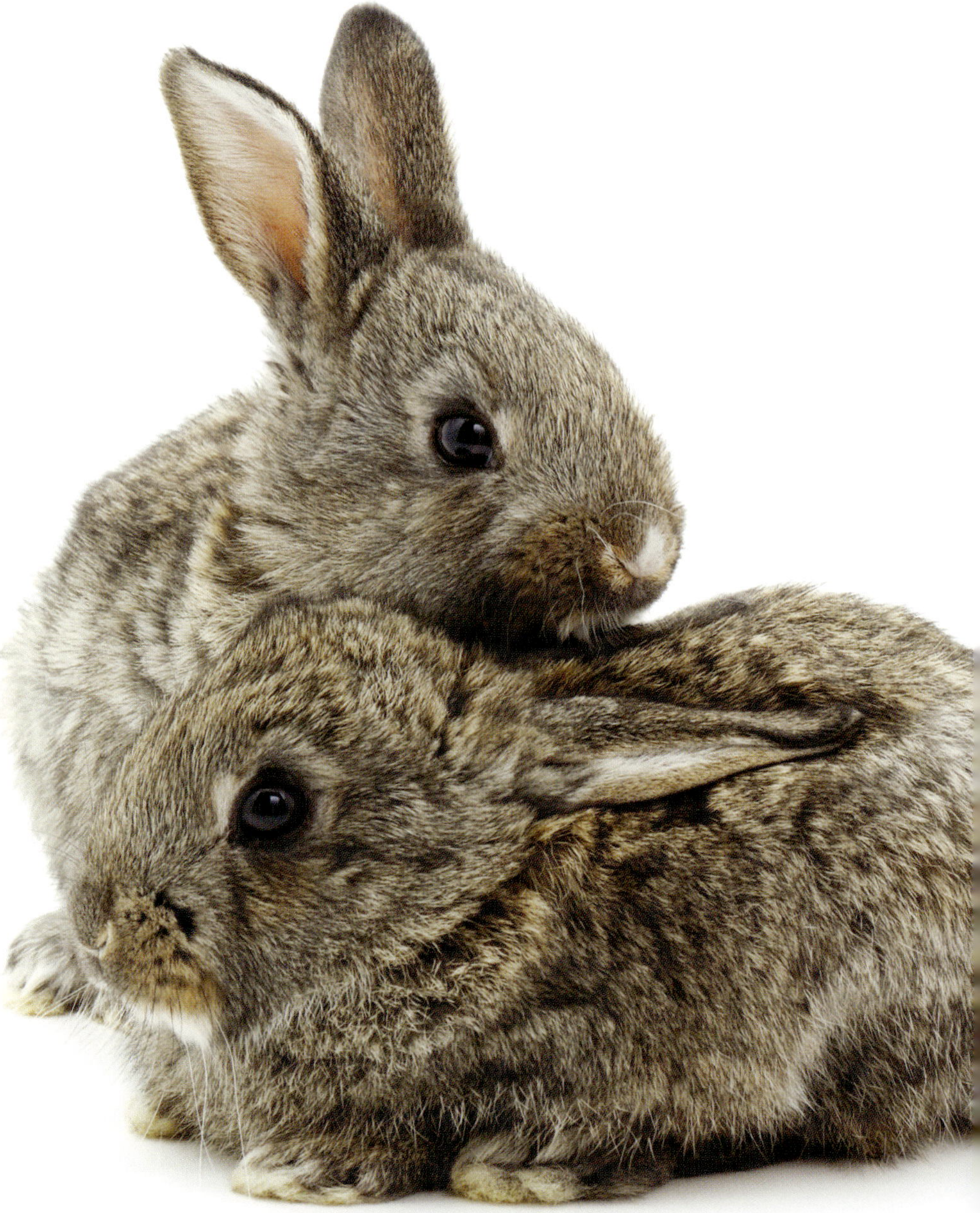

gazapo

**Se les llama gazapos.**

**Ellos crecen.**

¡Veo uno en mi jardín!

# ¡REPASEMOS!

**¿Qué está haciendo este conejo?**

# ÍNDICE

**bigotes** 5
**colas** 4
**comen** 9
**corren** 6

**gazapos** 13
**nido** 10
**orejas** 5
**patas** 7